Impressum
Verlag: BABADADA GmbH, Nedderfeld 112 , 22529 Hamburg
Geschäftsführer / Verlagsleitung: Harald Hof
Druck: Books on Demand GmbH, In de Tarpen 42, 22848 Norderstedt

Imprint
Publisher: BABADADA GmbH, Nedderfeld 112 , 22529 Hamburg, Germany
Managing Director / Publishing direction: Harald Hof
Print: Books on Demand GmbH, In de Tarpen 42, 22848 Norderstedt

escola

okul

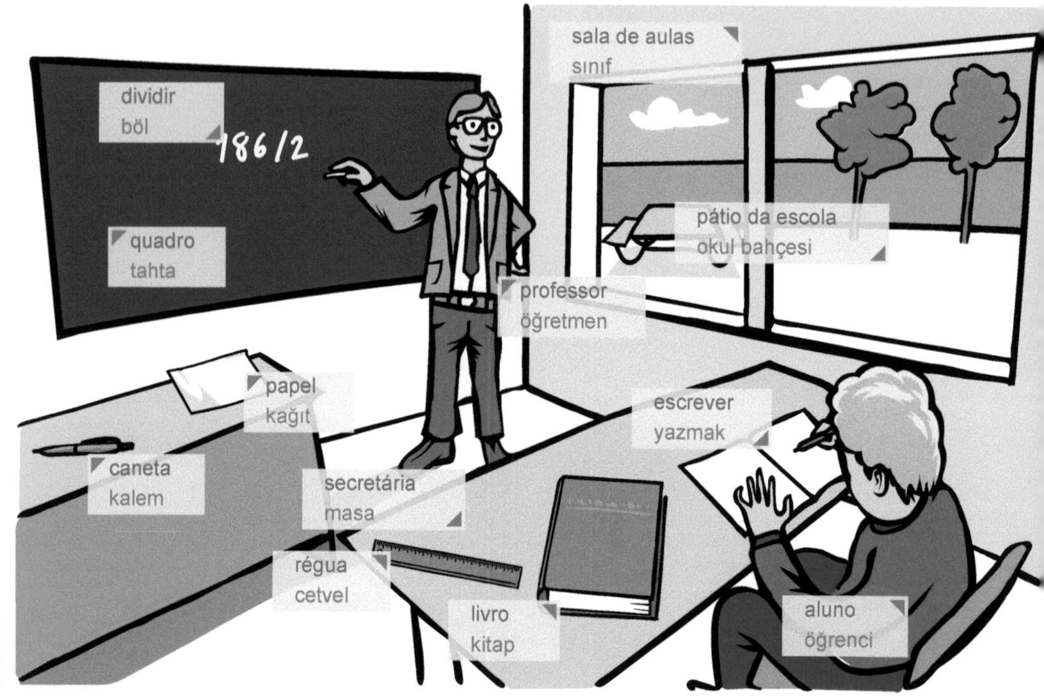

sala de aulas
sınıf
dividir
böl
186/2
quadro
tahta
pátio da escola
okul bahçesi
professor
öğretmen
papel
kağıt
escrever
yazmak
caneta
kalem
secretária
masa
régua
cetvel
livro
kitap
aluno
öğrenci

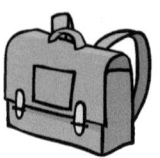

mochila

okul çantası

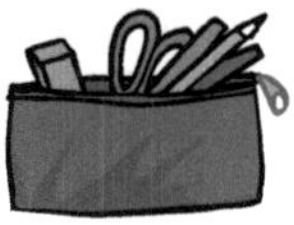

estojo de lápis

kalemlik

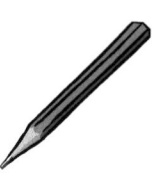

lápis

kurşun kalem

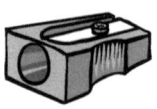

afia-lápis

kalem açacağı

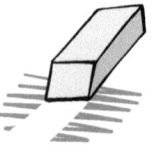

borracha

silgi

bloco de desenho

çizim defteri

desenho
çizim

pincel
resim fırçası

caixa de tintas
boya kutusu

tesoura
makas

cola
tutkal

livro de exercícios
alıştırma kitabı

trabalhos de casa
ödev

número
sayı

2+2

somar
ekle

subtrair
çıkar

2×2

multiplicar
çarp

calcular
hesapla

letra
harf

ABCDEFG
HIJKLMN
OPQRSTU
VWXYZ

alfabeto
alfabe

palavra
kelime

texto
metin

ler
okumak

giz
tebeşir

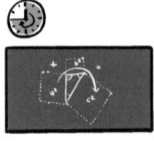

hora
ders

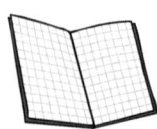

registo de presenças
kayıt

exame
sınav

certificado
sertifika

uniforme escolar
okul forması

educação
eğitim

enciclopédia
ansiklopedi

universidade
üniversite

microscópio
mikroskop

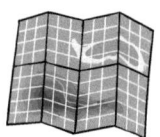

mapa
harita

cesto de lixo
kağıt çöp kutusu

4

escola - okul

viagem
seyahat

hotel
otel
Grand
hostel
pansiyon
ROOMS
casa de câmbio
döviz bürosu
EXCHANGE
mala
bavul
carro
otomobil

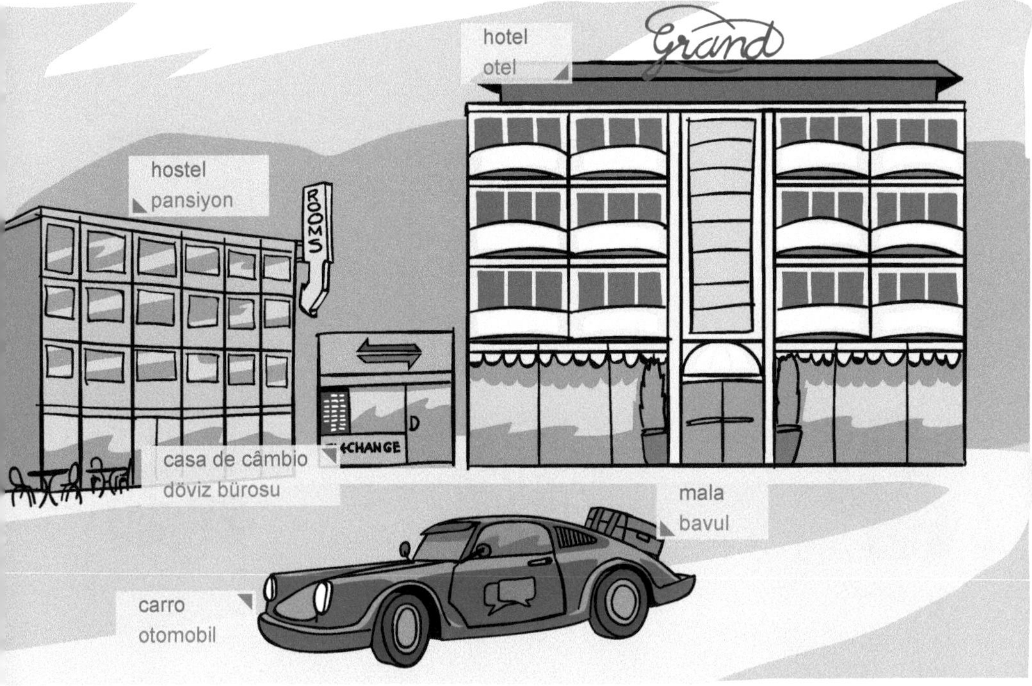

idioma
dil

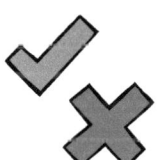

sim / não
evet / hayır

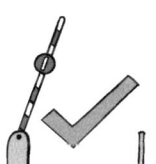

ok / certo / correto
Tamam

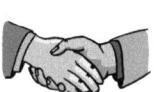

olá
merhaba

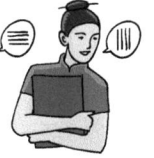

intérprete
çevirmen

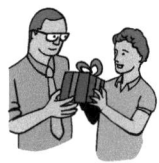

obrigado
Teşekkür ederim

quanto é que custa... ?

bu ... ne kadar?

não entendo

anlamadım

problema

problem

boa noite!

İyi akşamlar!

Bom dia!

Günaydın!

Boa noite!

İyi geceler!

adeus

güle güle

direção

yön

bagagem

bagaj

saco

çanta

mochila

sırt çantası

convidado

misafir

quarto

oda

saco-cama

uyku tulumu

tenda

çadır

informação turística

turist danışma

praia

sahil

cartão de crédito

kredi kartı

pequeno-almoço

kahvaltı

almoço

öğle yemeği

jantar

akşam yemeği

bilhete

Bilet

elevador

asansör

selo postal

pul

fronteira

sınır

alfândega

gümrük

embaixada

elçilik

visto

vize

passaporte

pasaport

transporte
ulaşım

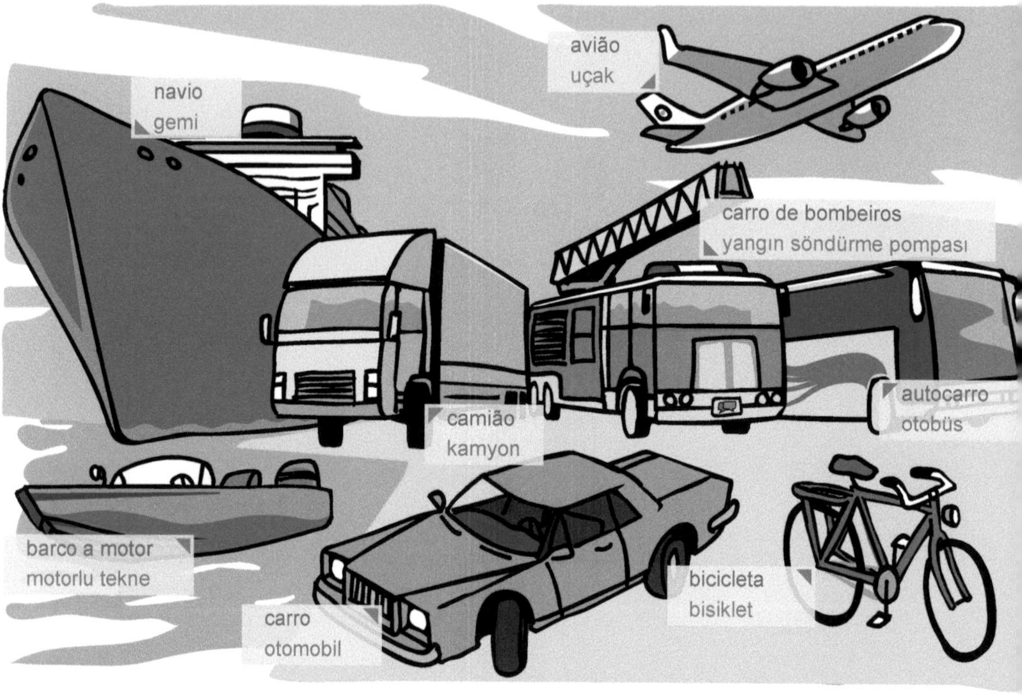
avião
uçak
navio
gemi
carro de bombeiros
yangın söndürme pompası
autocarro
otobüs
camião
kamyon
barco a motor
motorlu tekne
bicicleta
bisiklet
carro
otomobil

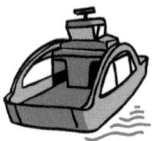

cacilheiro

feribot

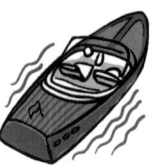

barco

bot

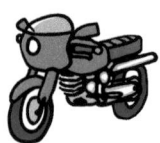

mota

motosiklet

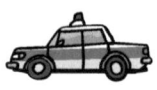

carro de polícia

polis arabası

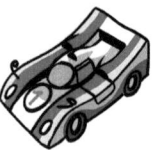

carro de corrida

yarış arabası

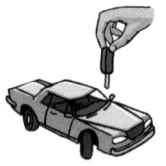

carro alugado

kiralık araba

carsharing
ortak araba

camião de reboque
çekici

camião do lixo
çöp kamyonu

motor
motor

combustível
yakıt

estação de serviço
benzinlik

sinal de trânsito
trafik işareti

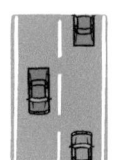

trânsito
trafik

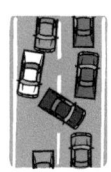

congestionamento de
trânsito
trafik sıkışıklığı

parque de estacionamento
otopark

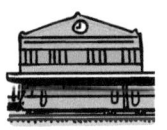

estação ferroviária
tren istasyonu

carris
ray

comboio
tren

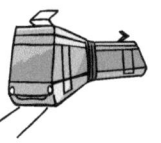

elétrico
tramvay

carruagem
vagon

helicóptero

helikopter

aeroporto

havaalanı

torre

kule

passageiro

yolcu

contentor

konteyner

caixa de papelão

koli

carrinho

yük arabası

cesto

sepet

levantar voo / aterrar

kalkış / iniş

cidade

şehir

aldeia

köy

centro da cidade

şehir merkezi

casa

ev

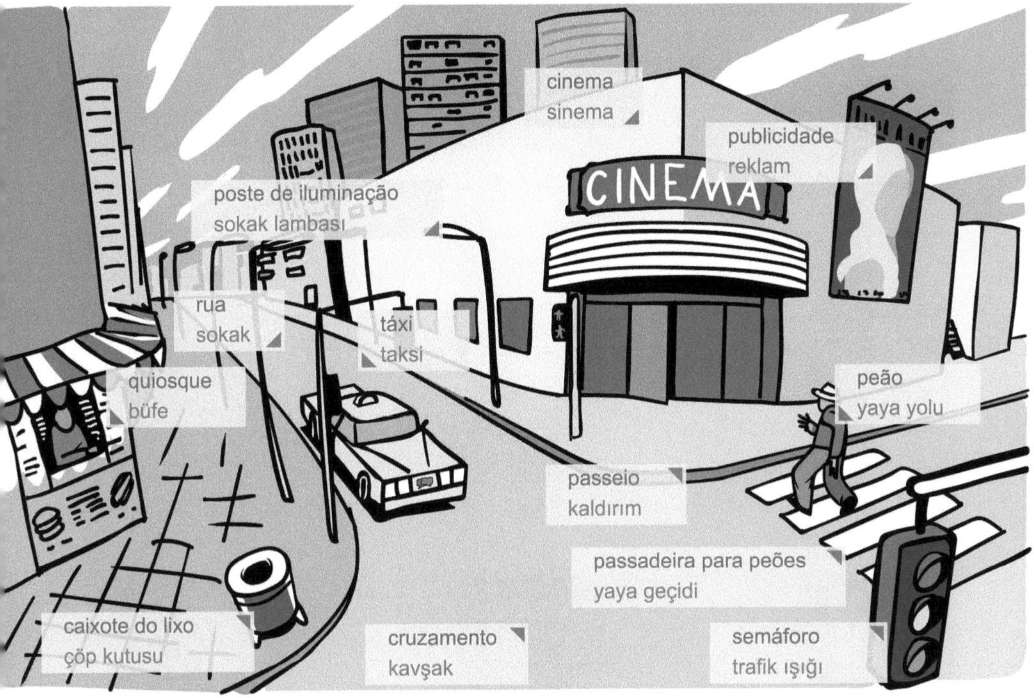

cinema
sinema

publicidade
reklam

poste de iluminação
sokak lambası

rua
sokak

táxi
taksi

quiosque
büfe

peão
yaya yolu

CINEMA

passeio
kaldırım

passadeira para peões
yaya geçidi

caixote do lixo
çöp kutusu

cruzamento
kavşak

semáforo
trafik ışığı

cabana

kulübe

apartamento

apartman dairesi

estação ferroviária

tren istasyonu

câmara municipal

belediye binası

museu

müze

escola

okul

cidade - şehir

universidade

üniversite

banco

banka

hospital

hastane

hotel

otel

farmácia

eczane

escritório

ofis

livraria

kitapçı

loja

mağaza

florista

çiçekçi

supermercado

süpermarket

mercado

market

loja de departamentos

büyük mağaza

peixaria

balık satıcısı

centro comercial

alışveriş merkezi

porto

liman

parque
park

banco
bank

ponte
köprü

escadas
merdiven

metro
metro

túnel
tünel

paragem de autocarro
otobüs durağı

bar
bar

restaurante
restoran

caixa de correio
posta kutusu

sinal de trânsito
sokak tabelası

parquímetro
otopark sayacı

jardim zoológico
hayvanat bahçesi

piscina
yüzme havuzu

mesquita
cami

quinta
çiftlik

poluição
kirlilik

cemitério
mezarlık

igreja
kilise

parque infantil
oyun alanı

templo
tapınak

paisagem
arazi

folha
yaprak

placa de sinalização
yön tabelası

caminho
yol

prado
çayır

pedra
taş

árvore
ağaç

caminhantes
yürüyüşçü

rio
ırmak

relva
çimen

flor
çiçek

paisagem - arazi

vale
vadi

montanha
tepe

lago
göl

floresta
orman

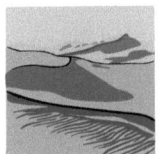

deserto
çöl

vulcão
volkan

castelo
kale

arco-íris
gökkuşağı

cogumelo
mantar

palma
palmiye

mosquito
sivrisinek

mosca
sinek

formiga
karınca

abelha
arı

aranha
örümcek

besouro

böcek

sapo

kurbağa

esquilo

sincap

ouriço

kirpi

lebre

yabani tavşan

coruja

baykuş

pássaro

kuş

cisne

kuğu

javali

yaban domuzu

veado

geyik

alce

geyik

barragem

baraj

turbina eólica

rüzgar türbini

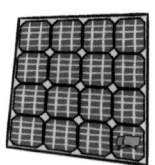

painel solar

güneş paneli

clima

iklim

restaurante
restoran

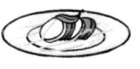

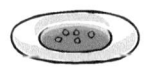

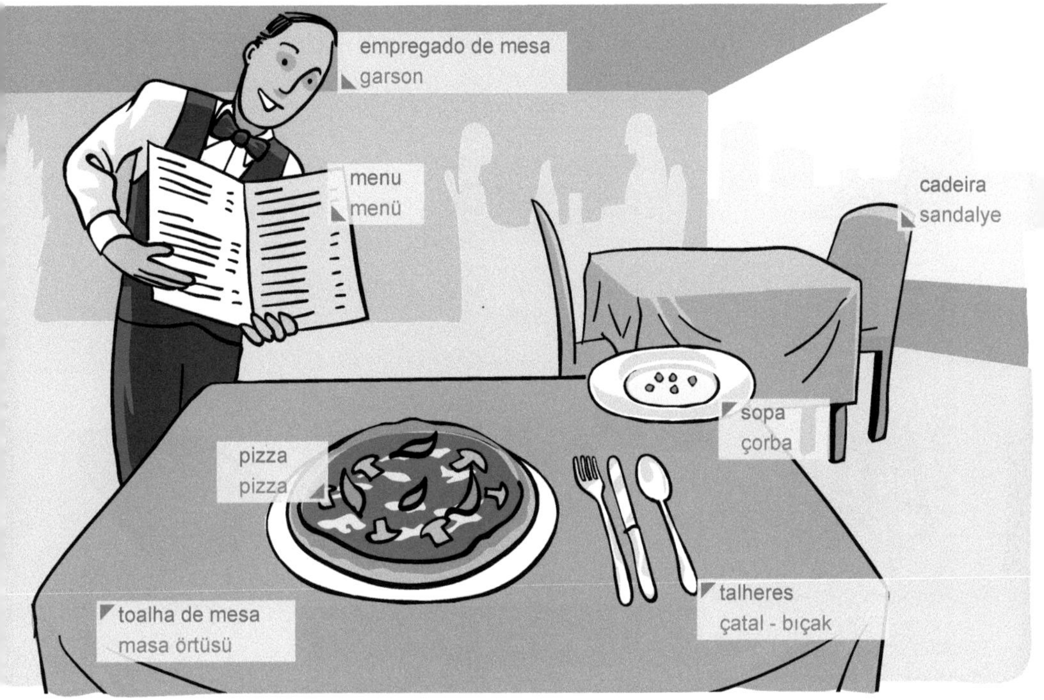
empregado de mesa
garson
menu
menü
cadeira
sandalye
sopa
çorba
pizza
pizza
toalha de mesa
masa örtüsü
talheres
çatal - bıçak

entrada

başlangıç

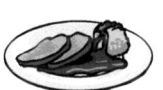

prato principal

ana yemek

sobremesa

tatlı

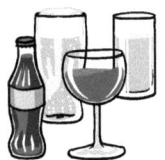

bebidas

içecekler

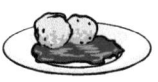

comida

yemek

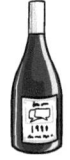

garrafa

şişe

fast food

fastfood

comida de rua

sokak yemeği

bule de chá

çaydanlık

açucareiro

şekerlik

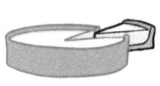

porção

porsiyon

máquina de café expresso

espresso makinesi

cadeira alta

mama sandalyesi

conta

fatura

bandeja

tepsi

faca

bıçak

garfo

çatal

colher

kaşık

colher de chá

çay kaşığı

guardanapo

servis peçetesi

copo

bardak

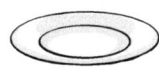

prato

tabak

prato de sopa

çorba kasesi

pires

fincan altlığı

molho

sos

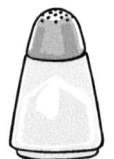

saleiro

tuzluk

moinho de pimenta

karabiber değirmeni

vinagre

sirke

óleo

yağ

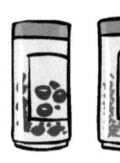

especiarias

baharat

ketchup

ketçap

mostarda

hardal

malonese

mayonez

supermercado

süpermarket

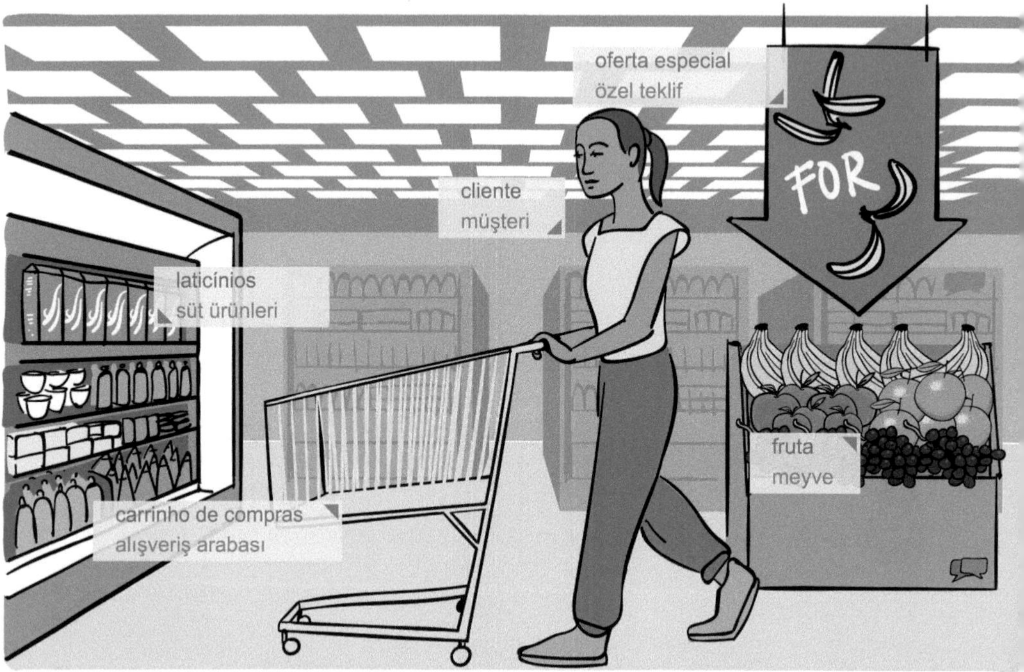

oferta especial
özel teklif
FOR
cliente
müşteri
laticínios
süt ürünleri
fruta
meyve
carrinho de compras
alışveriş arabası

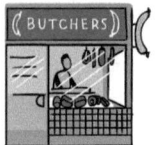

BUTCHERS

talho

kasap

BAKERY

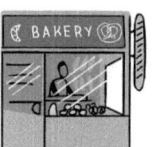

padaria

fırın

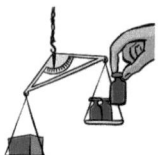

pesar

tartmak

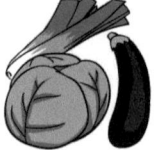

vegetais

sebze

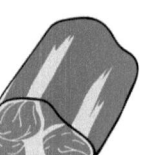

carne

et

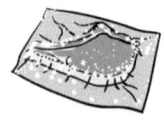

alimentos congelados

donmuş gıda

charcutaria

söğüş et

comida enlatada

konserve yiyecek

detergente em pó

toz deterjan

doces

şekerlemeler

artigos domésticos

ev temizlik ürünleri

produtos de limpeza

temizlik ürünleri

vendedora

satış görevlisi

caixa

yazar kasa

caixa

kasiyer

lista de compras

alışveriş listesi

horário de funcionamento

açılış saatleri

carteira

cüzdan

cartão de crédito

kredi kartı

saco

çanta

saco de plástico

plastik poşet

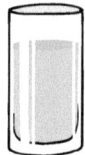

água

su

sumo

meyve suyu

leite

süt

coca-cola

kola

vinho

şarap

cerveja

bira

álcool

alkol

cacau

kakao

chá

çay

café

kahve

café expresso

espresso

capuccino

kapuçino

banana

muz

maçã

elma

laranja

portakal

melão

kavun

limão

limon

cenoura

havuç

alho

sarımsak

bambu

bambu

cebola

soğan

cogumelo

mantar

nozes

çerez

talharim

makarna

esparguete

spagetti

arroz

pirinç

salada

salata

batatas fritas

cips

batatas fritas

patates kızartması

pizza

pizza

hambúrguer

hamburger

sanduíche

sandviç

bife panado

şinitzel

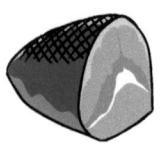

fiambre

pastırma

salame

salam

salsicha

sosis

galinha

tavuk

assado

rosto

peixe

balık

flocos de aveia

yulaf ezmesi

muesli

müsli

flocos de milho

mısır gevreği

farinha

un

croissant

kruvasan

carcaça (pãozinho)

küçük ekmek

pão

ekmek

torrada

tost

biscoitos

bisküvi

manteiga

tereyağı

requeijão

kaymak

bolo

kek

ovo

yumurta

ovo estrelado

sahanda yumurta

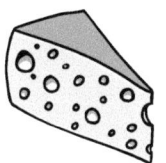

queijo

peynir

gelado
dondurma

açúcar
şeker

mel
bal

compota
reçel

creme de nougat
fındık ezmesi

caril
köri

quinta
çiftlik

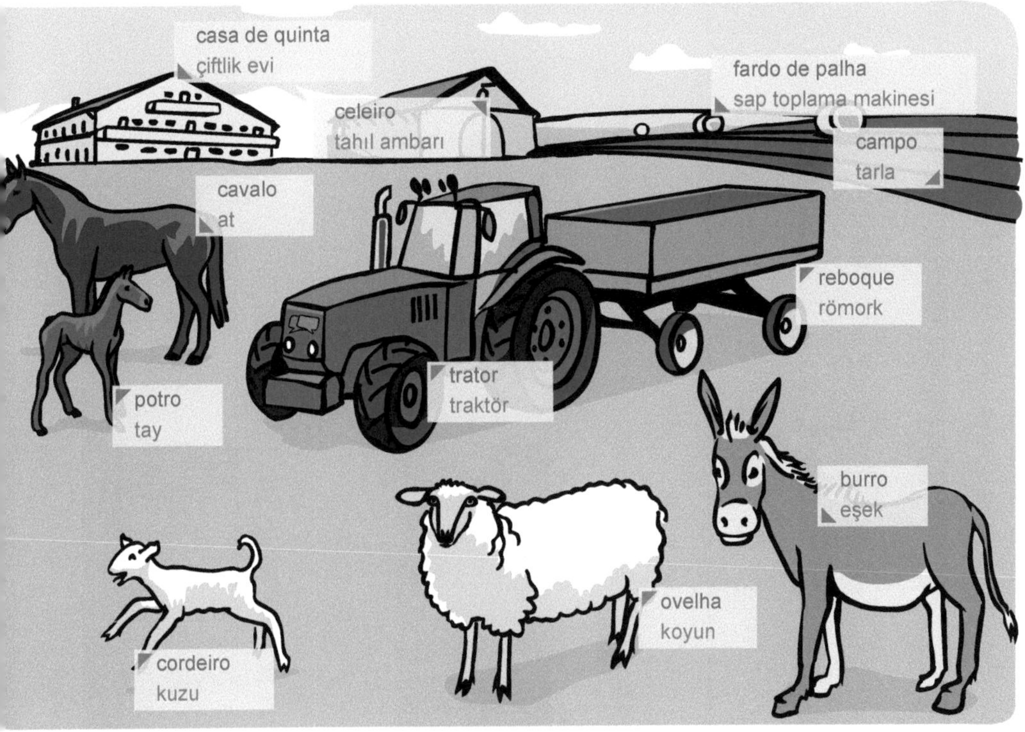
casa de quinta
çiftlik evi
celeiro
tahıl ambarı
fardo de palha
sap toplama makinesi
campo
tarla
cavalo
at
reboque
römork
potro
tay
trator
traktör
burro
eşek
ovelha
koyun
cordeiro
kuzu

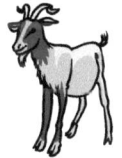

cabra

keçi

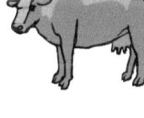

vaca

inek

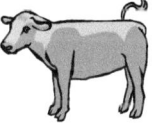

bezerro

buzağı

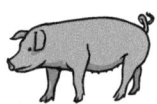

porco

domuz

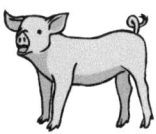

leitão

domuz yavrusu

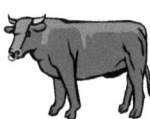

touro

boğa

ganso

kaz

pato

ördek

pintaínho

civciv

galinha

tavuk

galo

horoz

ratazana

sıçan

gato

kedi

rato

fare

boi

öküz

cão

köpek

casota

köpek kulübesi

mangueira de jardim

bahçe hortumu

regador

sulama kabı

foice

tırpan

arado

pulluk

foice

orak

enxada

çapa

forquilha

dirgen

machado

balta

carrinho de mão

el arabası

manjedoura

yemlik

jarro de leite

süt kovası

saco

çuval

cerca

çit

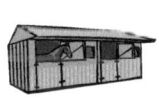

estábulo

ahır

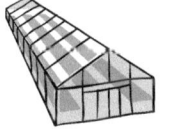

estufa

sera

solo

toprak

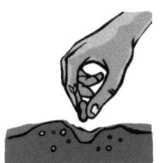

semente

tohum

fertilizante

gübre

ceifeira-debulhadora

biçerdöver

colher

hasat etmek

colheita

harman

inhame

tatlı patates

trigo

buğday

soja

soya

batata

patates

milho

mısır

colza

kolza

árvore de fruto

meyve ağacı

mandioca

manyok

cereais

hububat

chaminé
baca

telhado
çatı

caleira
yağmur oluğu

janela
pencere

garagem
garaj

campainha da porta
kapı zili

porta
kapı

balde do lixo
çöp kutusu

caixa de correio
posta kutusu

jardim
bahçe

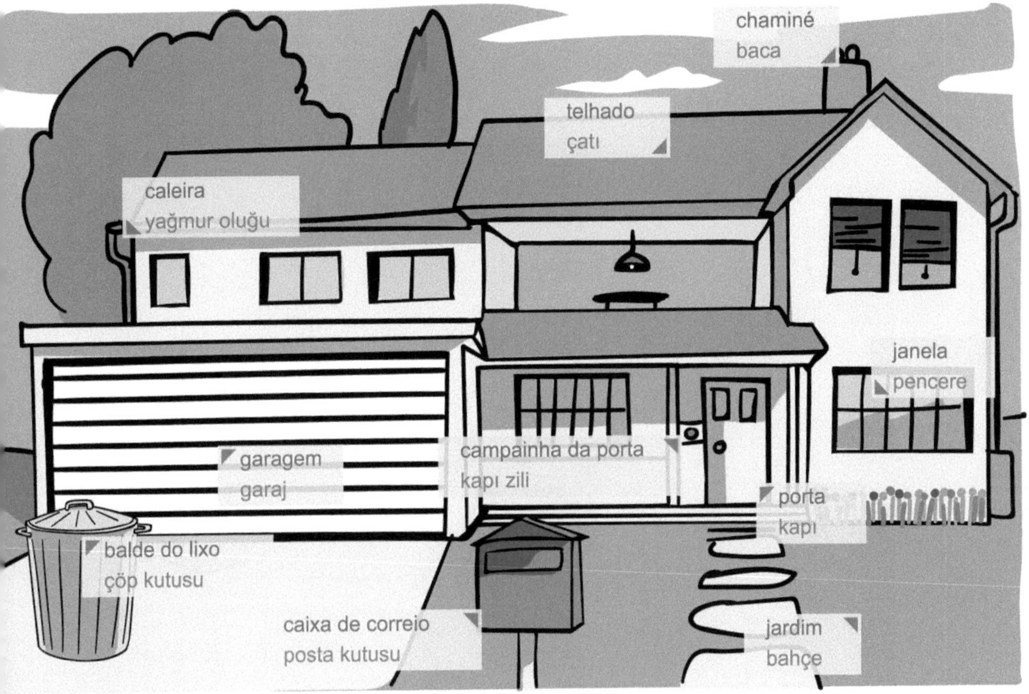

sala de estar

oturma odası

casa de banho

banyo

cozinha

mutfak

quarto de dormir

yatak odası

quarto de criança

çocuk odası

sala de jantar

yemek odası

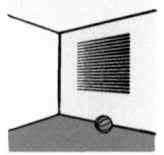

chão
zemin

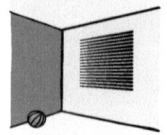

parede
duvar

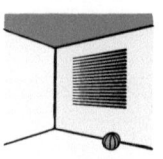

teto
tavan

cave
kiler

sauna
sauna

varanda
balkon

terraço
teras

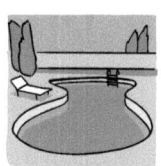

piscina
havuz

máquina de cortar relvado
çim biçme makinesi

lençol
çarşaf

cobertor
yatak örtüsü

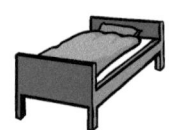

cama
yatak

vassoura
süpürge

balde
kova

interruptor
anahtar

sala de estar
oturma odası

papel de parede
duvar kağıdı
imagem
resim
lâmpada
lamba
prateleira
raf
armário
dolap
televisão
televizyon
lareira
şömine
flor
çiçek
almofada
minder
sofá
kanepe
vaso
vazo
controlo remoto
uzaktan kumanda

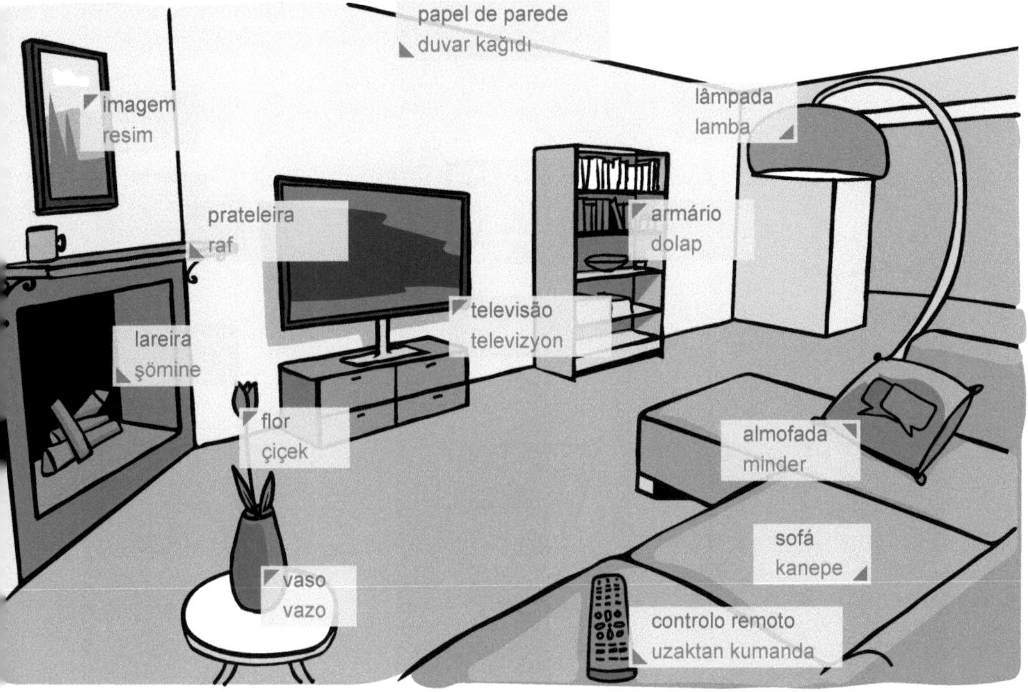

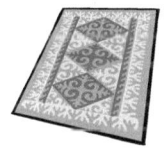

tapete

halı

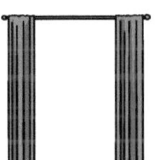

cortina

perde

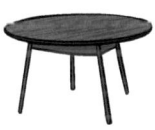

mesa

masa

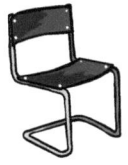

cadeira

sandalye

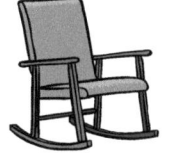

cadeira de baloiço

salıncaklı koltuk

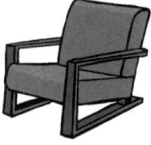

poltrona

koltuk

livro
kitap

cobertor
battaniye

decoração
dekor

lenha
odun

filme
film

sistema estéreo
hi-fi

chave
anahtar

jornal
gazete

pintura
tablo

póster
poster

rádio
radyo

bloco de notas
defter

aspirador
elektrikli süpürge

cato
kaktüs

vela
mum

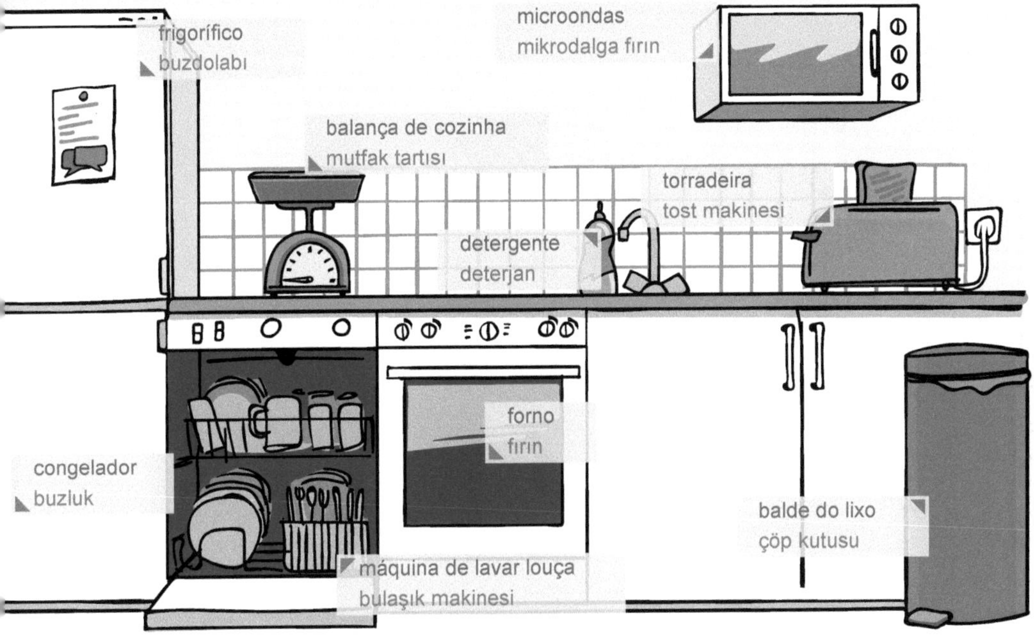

frigorífico
buzdolabı

microondas
mikrodalga fırın

balança de cozinha
mutfak tartısı

torradeira
tost makinesi

detergente
deterjan

forno
fırın

congelador
buzluk

balde do lixo
çöp kutusu

máquina de lavar louça
bulaşık makinesi

fogão
ocak

panela
tencere

panela de ferro
döküm tencere

wok / kadai
wok

frigideira
tava

chaleira
su ısıtıcı

panela a vapor

buharlı pişirici

tabuleiro de forno

pişirme tepsisi

louça

tabak takımı

caneca

kupa

tigela

kase

pauzinhos

çubuk (çin yemeği)

concha de sopa

kepçe

espátula

spatula

batedor de claras

çırpma teli

escorredor

süzgeç

peneira

elek

ralador

rende

almofariz

havan

churrasqueira

barbekü

lareira

açık ateş

tábua de cortar

kesme tahtası

rolo da massa

merdane

saca-rolhas

tirbüşon

lata

konserve kutusu

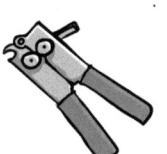

abridor de latas

konserve açacağı

luvas de forno

fırın eldiveni

lava-loiça

evye

escova

fırça

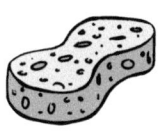

esponja

sünger

liquidificador

blender

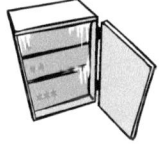

arca frigorífica

derin dondurucu

biberão

biberon

torneira

musluk

casa de banho

banyo

aquecimento
ısıtma
chuveiro
duş
toalha
havlu
cortina de chuveiro
duş perdesi
banho de espuma
köpük banyosu
banheira
küvet
copo
bardak
máquina de lavar roupa
çamaşır makinesi
torneira
musluk
azulejos
fayans
penico
lazımlık
lava-loiça
evye

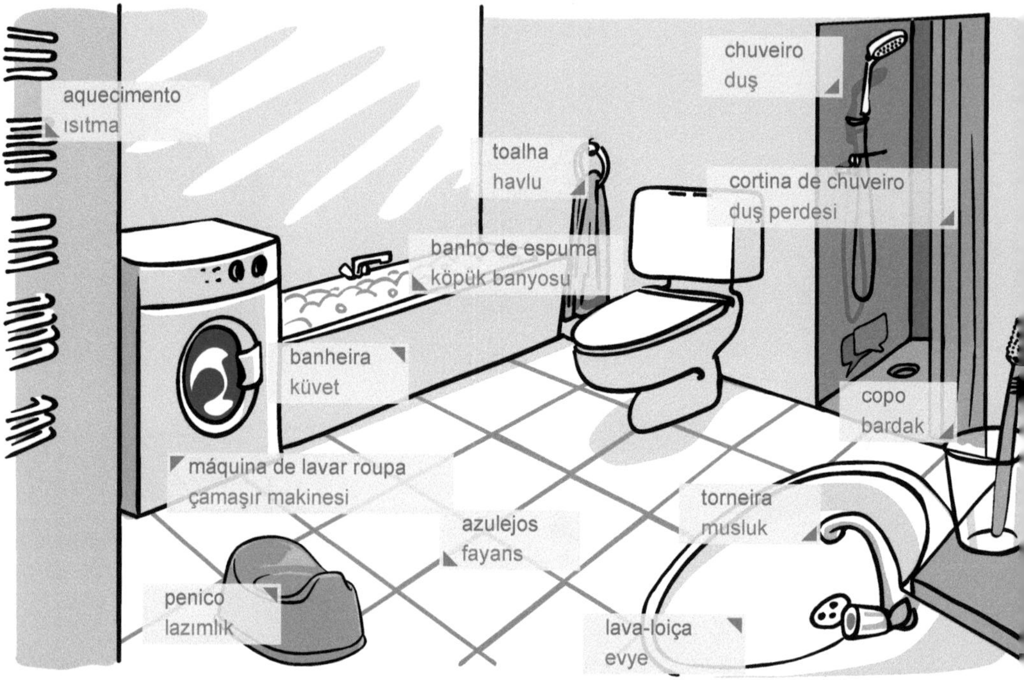

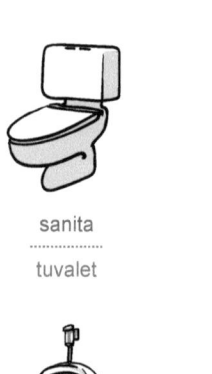

sanita
tuvalet

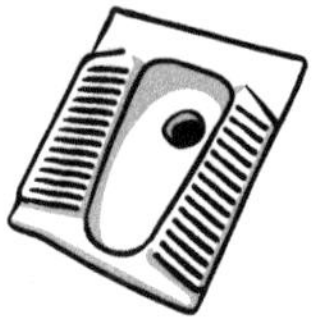

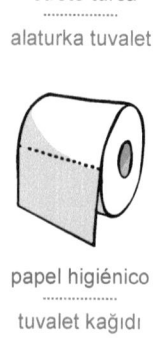

retrete turca
alaturka tuvalet

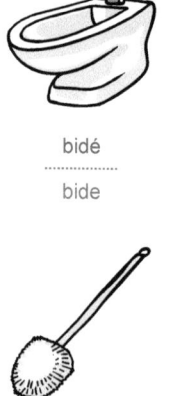

bidé
bide

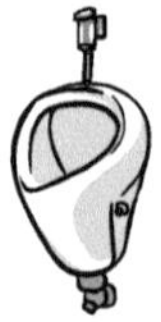

urinol
pisuvar

papel higiénico
tuvalet kağıdı

piaçaba
tuvalet fırçası

escova de dentes

diş fırçası

pasta de dentes

diş macunu

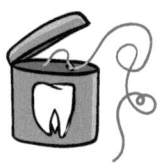

fio dentário

diş ipi

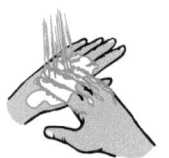

lavar

yıkamak

chuveiro de mão

duş başlığı

duche íntimo

duş başlığı şeklinde taharet
musluğu

bacia

küvet

escova para as costas

banyo fırçası

sabonete

sabun

gel de banho

duş jeli

champô

şampuan

toalha de rosto

banyo lifi

escoamento

gider

creme

krem

desodorizante

deodorant

espelho

ayna

espelho de mão

el aynası

máquina de barbear

jilet

creme de barbear

tıraş köpüğü

loção pós-barba

tıraş losyonu

pente

tarak

escova

fırça

secador de cabelo

saç kurutma makinesi

spray de cabelo

saç spreyi

maquilhagem

makyaj

batom

ruj

verniz de unhas

tırnak cilası

algodão

pamuk

tesoura para unhas

tırnak makası

perfume

parfüm

nécessaire

makyaj çantası

tamborete

tabure

balança

tartı

roupão de banho

bornoz

luvas de borracha

lastik eldiven

tampão

tampon

penso higiénico

kadın pedi

WC químico

kimyevi tuvalet

quarto de criança

çocuk odası

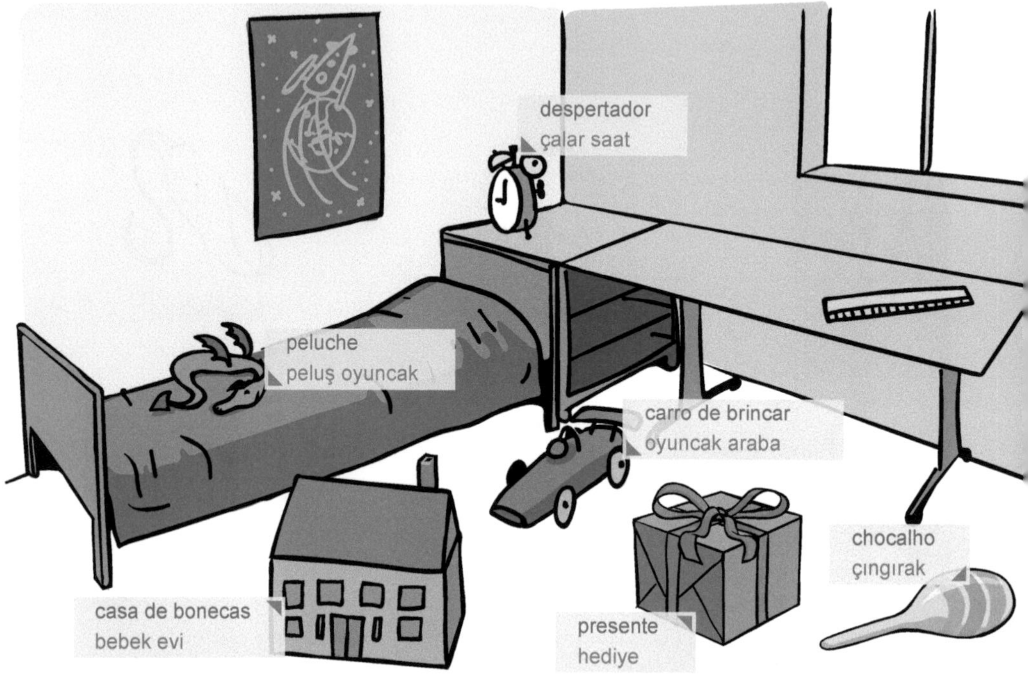
despertador
çalar saat
peluche
peluş oyuncak
carro de brincar
oyuncak araba
chocalho
çıngırak
casa de bonecas
bebek evi
presente
hediye

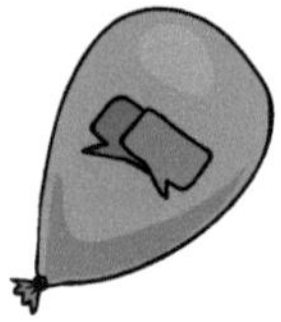

balão

balon

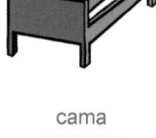

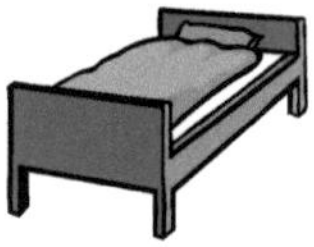

cama

yatak

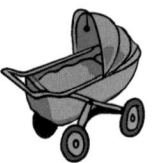

carrinho de bebé

bebek arabası

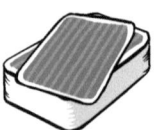

jogo de cartas

kart destesi

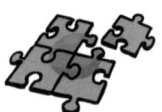

quebra-cabeças

yapboz

SUPER
MEGA

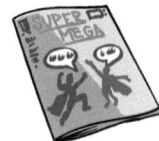

banda desenhada

çizgi roman

peças de Lego

lego tuğlaları

blocos de construção

lego blokları

figura de ação

aksiyon figürü

fato de bebé

zıbın

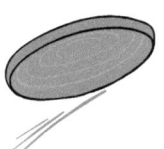

Frisbee

frizbi

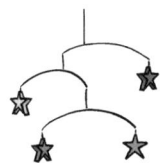

móbile para bebé

dönence

jogo de tabuleiro

masa oyunu

dados

zar

pista de comboio elétrico

model tren seti

chupeta

emzik

festa

parti

livro ilustrado

resimli kitap

bola

top

boneca

oyuncak bebek

jogar

oynamak

caixa de areia

kum havuzu

baloiço

salıncak

brinquedos

oyuncaklar

consola de jogos

video oyun konsolu

triciclo

üç tekerlekli bisiklet

ursinho de peluche

oyuncak ayı

guarda-roupa

gardırop

vestuário
kıyafet

meias

çorap

meias pelo joelho

külotlu çorap

meias-calças

tayt

cachecol
eşarp

guarda-chuva
şemsiye

cinto
kemer

t-shirt
tişört

botas
bot

chinelos
terlik

sapatilhas
spor ayakkabı

sandálias	sapatos	botas de borracha
sandalet	ayakkabı	lastik çizme
cuecas	sutiã	camisola interior
külot	sütyen	yelek

body

dar bluz

calças

pantolon

calças de ganga

kot pantolon

saia

etek

blusa

bluz

camisa

gömlek

pulôver

kazak

camisola com capuz

süveter

blazer

blazer

casaco

ceket

manto

mont

gabardina

yağmurluk

traje

kostüm

vestido

elbise

vestido de casamento

gelinlik

fato
takım elbise

camisa de dormir
gecelik

pijama
pijama

sari
sari

lenço de cabeça
baş örtüsü

turbante
türban

burca
burka

cafetã
kaftan

abaya
çarşaf

fato de banho
mayo

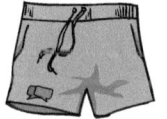

calções de banho
erkek mayosu

calções
şort

fato de treino
eşofman

avental
önlük

luvas
eldiven

botão

düğme

óculos

gözlük

pulseira

bilezik

colar

kolye

anel

yüzük

brinco

küpe

boné

kep

cabide

portmanto

chapéu

şapka

gravata

kravat

fecho de correr

fermuar

capacete

kask

suspensórios

pantolon askısı

uniforme escolar

okul forması

uniforme

üniforma

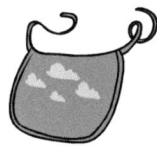

babete

mama önlüğü

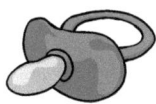

chupeta

emzik

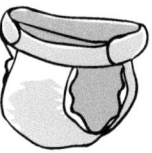

fralda

bebek bezi

escritório

ofis

servidor
sunucu
armário de arquivo
dosya dolabı
impressora
yazıcı
papel
kağıt
ecrã
monitör
rato
fare
secretária
masa
pasta
klasör
teclado
klavye
cesto de lixo
kağıt çöp kutusu
computador
bilgisayar
cadeira
sandalye

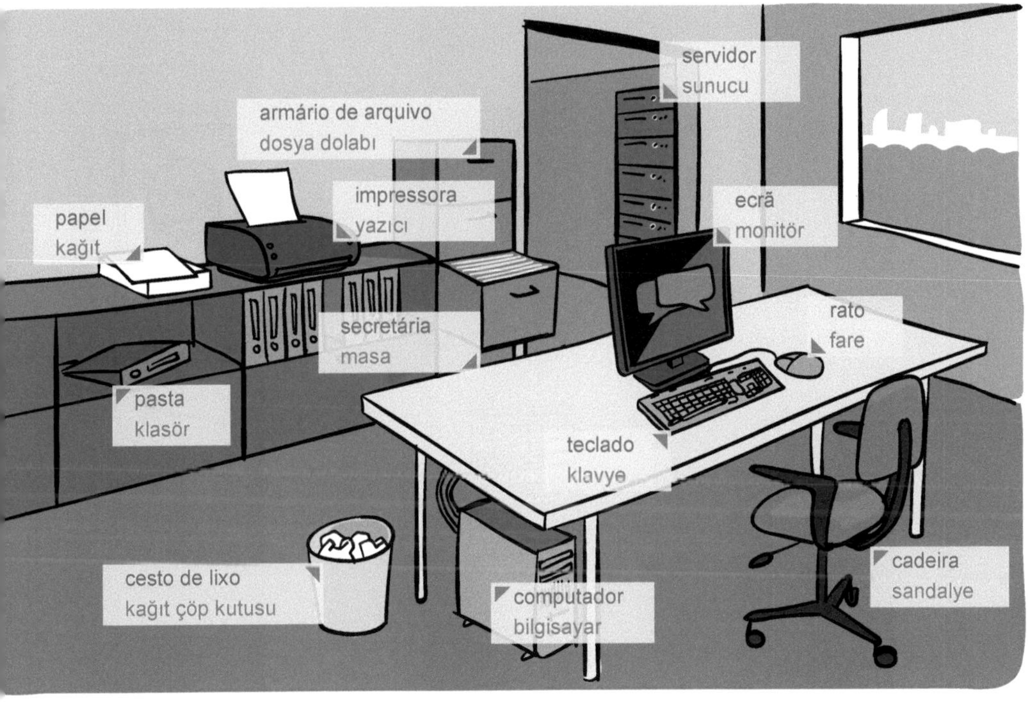

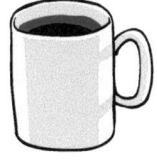

caneca de café

kahve fincanı

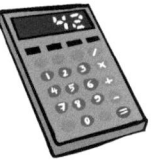

calculadora

hesap makinesi

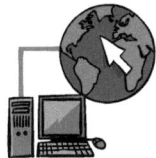

internet

internet

computador portátil

dizüstü

carta

mektup

mensagem

mesaj

telemóvel

cep telefonu

rede

ağ

fotocopiadora

fotokopi makinesi

software

yazılım

telefone

telefon

tomada elétrica

priz

fax

faks makinesi

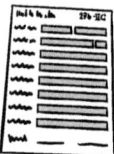

formulário

form

documento

belge

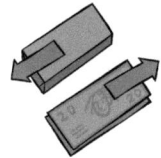

comprar
satın almak

pagar
ödemek

negociar
ticaret yapmak

dinheiro
para

 USD

dólar
dolar

 EUR

euro
avro

 JPY

yen
yen

 RUB

rublo
ruble

 CHF

franco suíço
İsviçre frangı

 CNY

renminbi yuan
Çin yuanı

 INR

rupia
rupi

caixa de multibanco
kasa

casa de câmbio

döviz bürosu

ouro

altın

prata

gümüş

petróleo

petrol

energia

enerji

preço

fiyat

contrato

kontrat

imposto

vergi

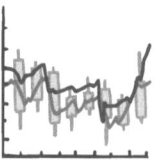

ação

menkul değer

trabalhar

çalışmak

empregado

işveren

entidade patronal

işçi

fábrica

fabrika

loja

mağaza

profissões
meslekler

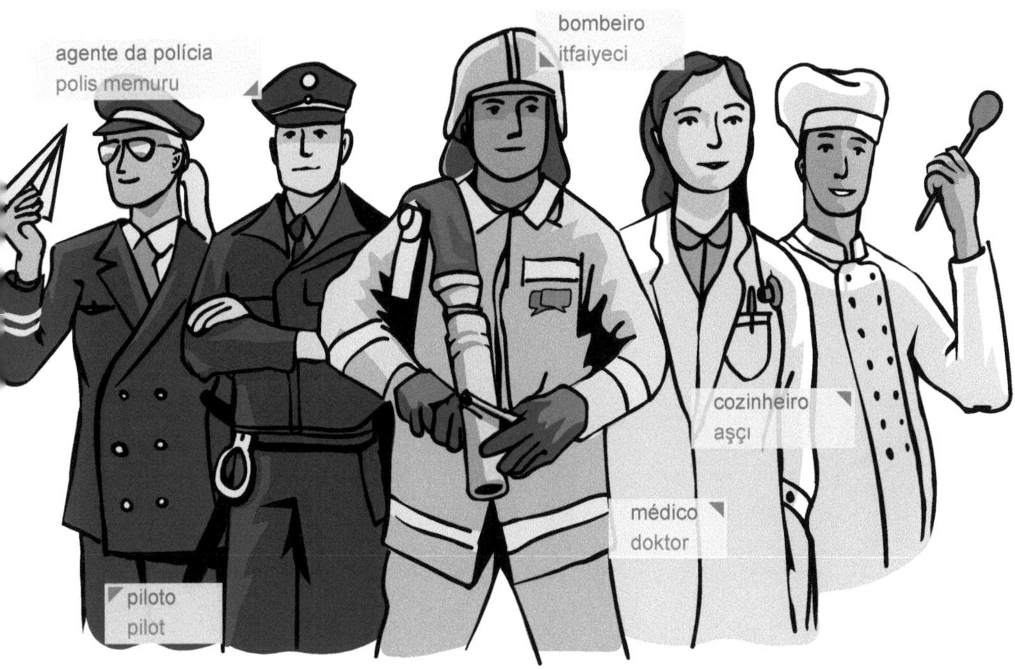

agente da polícia
polis memuru
bombeiro
itfaiyeci
cozinheiro
aşçı
médico
doktor
piloto
pilot

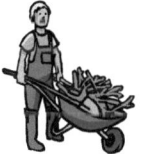

jardineiro

bahçıvan

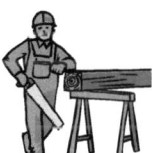

carpinteiro

marangoz

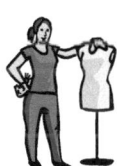

costureira

terzi

juiz

hakim

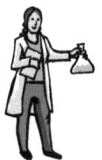

químico

kimyager

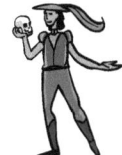

ator

aktör

motorista de autocarro

otobüs şoförü

motorista de táxi

taksi şoförü

pescador

balıkçı

empregada de limpeza

temizlikçi

telhador

çatı ustası

empregado de mesa

garson

caçador

avcı

pintor

boyacı

padeiro

fırıncı

eletricista

elektrikçi

construtor

inşaatçı

engenheiro

mühendis

talhante

kasap

canalizador

muslukçu

carteiro

postacı

soldado
asker

arquiteto
mimar

caixa
kasiyer

florista
çiçekçi

cabeleireiro
kuaför

controlador de bilhetes
kondüktör

mecânico
tamirci

capitão
kaptan

dentista
dişçi

cientista
bilim insanı

rabino
haham

Imã
imam

monge
keşiş

pastor
rahip

ferramentas
aletler

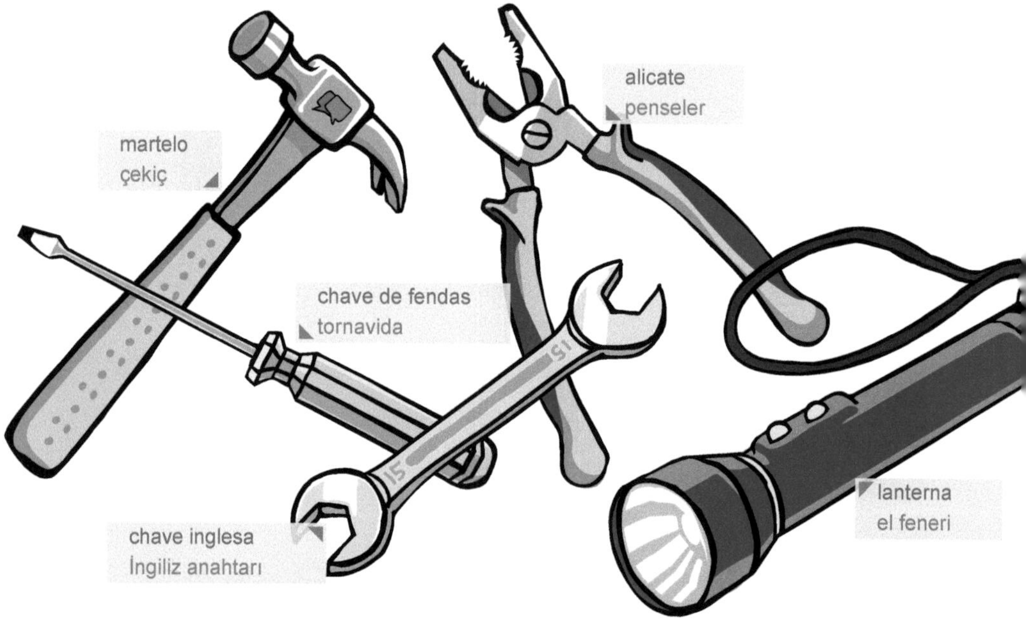

martelo
çekiç
alicate
penseler
chave de fendas
tornavida
chave inglesa
İngiliz anahtarı
lanterna
el feneri

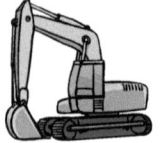

escavadora

kazı makinesi

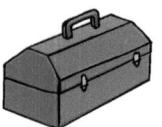

caixa de ferramentas

alet çantası

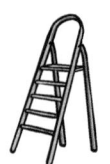

escadote

merdiven

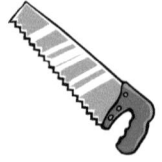

serra

testere

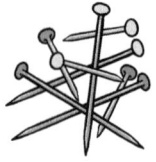

pregos

çiviler

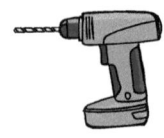

broca

matkap

reparar
....
tamir etmek

pá
....
kürek

porcaria!
....
Kahretsin!

pá de lixo
....
faraş

pote de tinta
....
boya tenekesi

parafusos
....
vidalar

instrumentos musicais
müzik enstrümanı

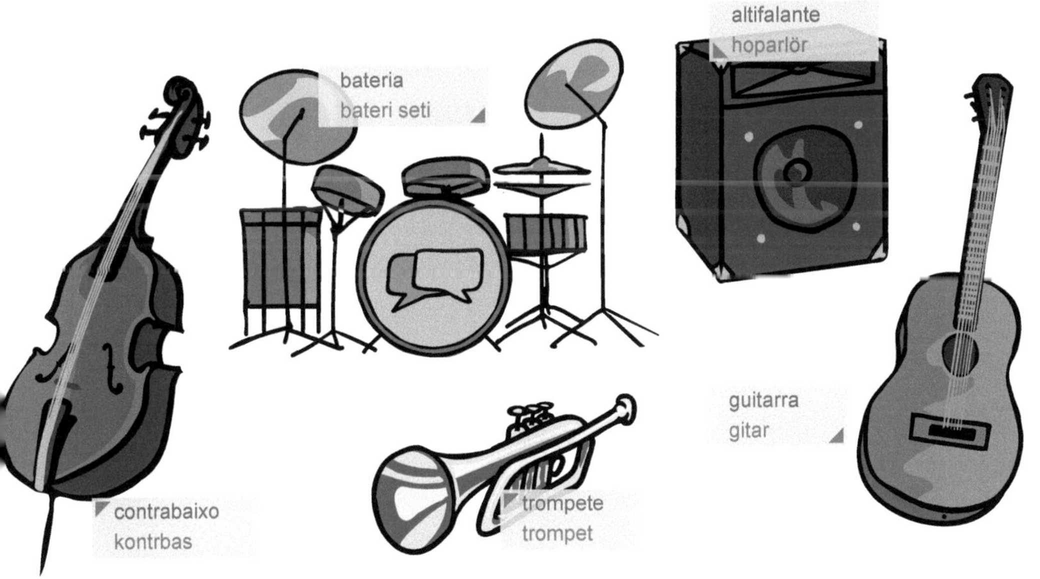

altifalante
hoparlör

bateria
bateri seti

contrabaixo
kontrbas

trompete
trompet

guitarra
gitar

piano

piyano

violino

keman

baixo

basgitar

timbales

timpani

tambor

bateri

teclado

klavye

saxofone

saksafon

flauta

flüt

microfone

mikrofon

jardim zoológico
hayvanat bahçesi

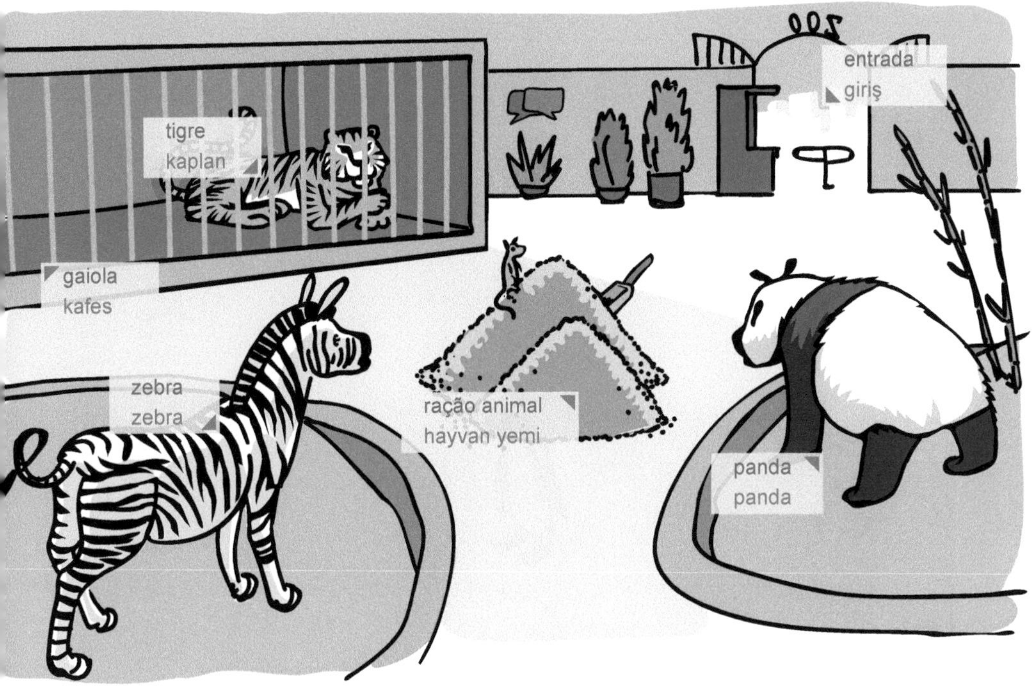

entrada
giriş
tigre
kaplan
gaiola
kafes
zebra
zebra
ração animal
hayvan yemi
panda
panda

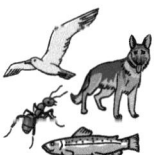

animais

hayvanlar

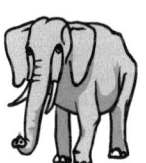

elefante

fil

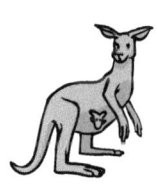

canguru

kanguru

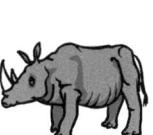

rinoceronte

gergedan

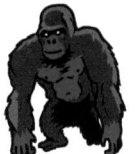

gorila

goril

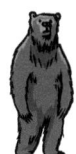

urso

ayı

camelo

deve

avestruz

deve kuşu

leão

aslan

macaco

maymun

flamingo

flamingo

papagaio

papağan

urso polar

kutup ayısı

pinguim

penguen

tubarão

köpek balığı

pavão

tavus kuşu

cobra

yılan

crocodilo

timsah

guarda do jardim zoológico

hayvanat bahçesi görevlisi

foca

fok

jaguar

jaguar

pónei

midilli atı

leopardo

leopar

hipopótamo

su aygırı

girafa

zürafa

águia

kartal

javali

yaban domuzu

peixe

balık

tartaruga

kaplumbağa

morsa

mors

raposa

tilki

gazela

ceylan

futebol americano
amerikan futbolu

ciclismo
bisiklete binme

ténis
tenis

basquetebol
basketbol

natação
yüzme

boxe
boks

hóquei no gelo
buz hokeyi

futebol	badminton	atletismo
futbol	badminton	atletizm
andebol	esqui	polo
hentbol	kayak	polo

rir
gülmek

saltar
atlamak

abraçar
sarılmak

andar
yürümek

cantar
söylemek

sonhar
hayal etmek

rezar
dua etmek

beijar
öpmek

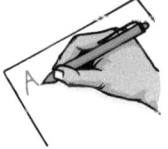

escrever

yazmak

desenhar

çizmek

mostrar

göstermek

empurrar

itmek

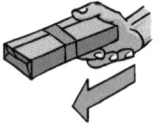

dar

vermek

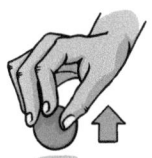

tomar

almak

ter
sahip olmak

ficar de pé
ayakta durmak

fazer
yapmak

correr
koşmak

ser
olmak

puxar
çekmek

remessar
atmak

cair
düşmek

deitar
yalan söylemek

esperar
beklemek

carregar
taşımak

sentar
oturmak

vestir
giyinmek

dormir
uyumak

acordar
uyanmak

olhar para

bakmak

chorar

ağlamak

acariciar

vurmak

pentear

taramak

falar

konuşmak

compreender

anlamak

perguntar

sormak

ouvir

dinlemek

beber

içmek

comer

yemek

arrumar

düzenlemek

amar

sevmek

cozinhar

pişirmek

conduzir

sürmek

voar

uçmak

atividades - etkinlikler

velejar

denize açılmak

calcular

hesapla

ler

okumak

aprender

öğrenmek

trabalhar

çalışmak

casar

evlenmek

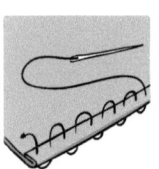

costurar

dikmek

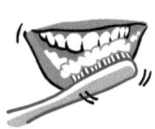

escovar os dentes

diş fırçalamak

matar

öldürmek

fumar

sigara içmek

enviar

yollamak

avó
büyükanne

avô
büyükbaba

pai
baba

mãe
anne

bebé
bebek

filha
kız

filho
oğul

convidado

misafir

tia

teyze

tio

amca

irmão

erkek kardeş

irmã

kız kardeş

corpo
vücut

testa
alın
olho
göz
ombro
omuz
dedo
parmak
cara
yüz
queixo
çene
mão
el
perna
bacak
peito
göğüs
braço
kol

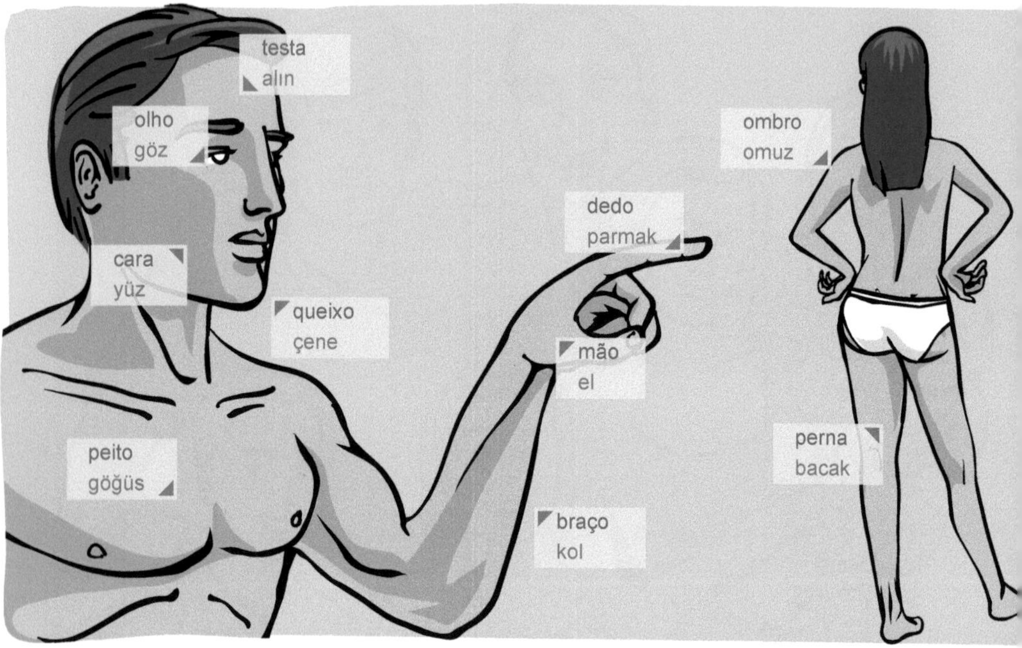

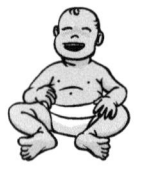

bebé
bebek

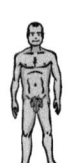

homem
adam

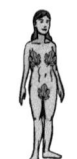

mulher
kadın

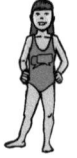

menina
kız

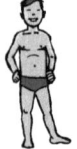

menino
erkek çocuk

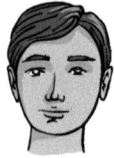

cabeça
baş

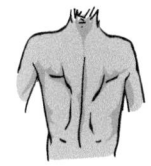

costas

sırt

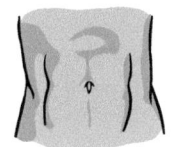

barriga

karın

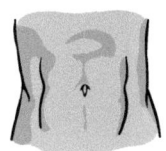

umbigo

göbek

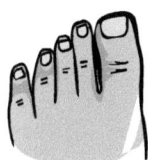

dedo do pé

ayak parmağı

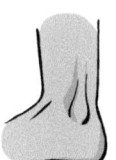

calcanhar

topuk

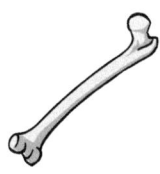

osso

kemik

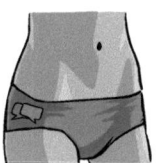

anca

kalça

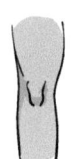

joelho

diz

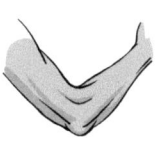

cotovelo

dirsek

nariz

burun

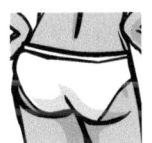

nádegas

kalça

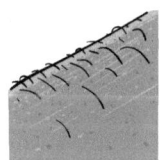

pele

deri

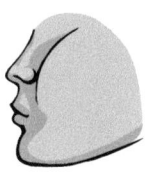

bochecha

yanak

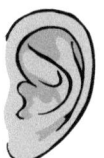

orelha

kulak

lábio

dudak

boca

ağız

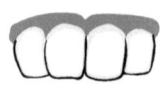

dente

diş

língua

dil

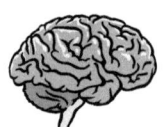

cérebro

beyin

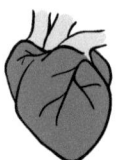

coração

kalp

músculo

kas

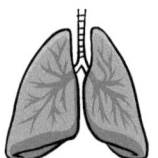

pulmão

akciğer

fígado

karaciğer

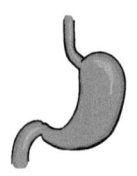

estômago

mide

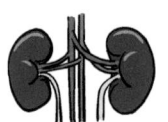

rins

böbrekler

relações sexuais

seks

preservativo

prezervatif

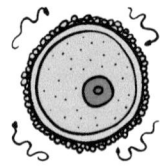

óvulo

yumurtalık

esperma

sperm

gravidez

hamilelik

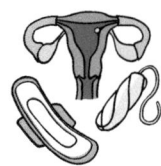

menstruação

regl

vagina

vajina

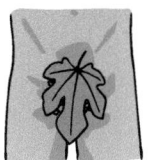

pénis

penis

sobrancelha

kaş

cabelo

saç

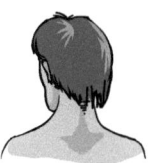

pescoço

boyun

hospital
hastane

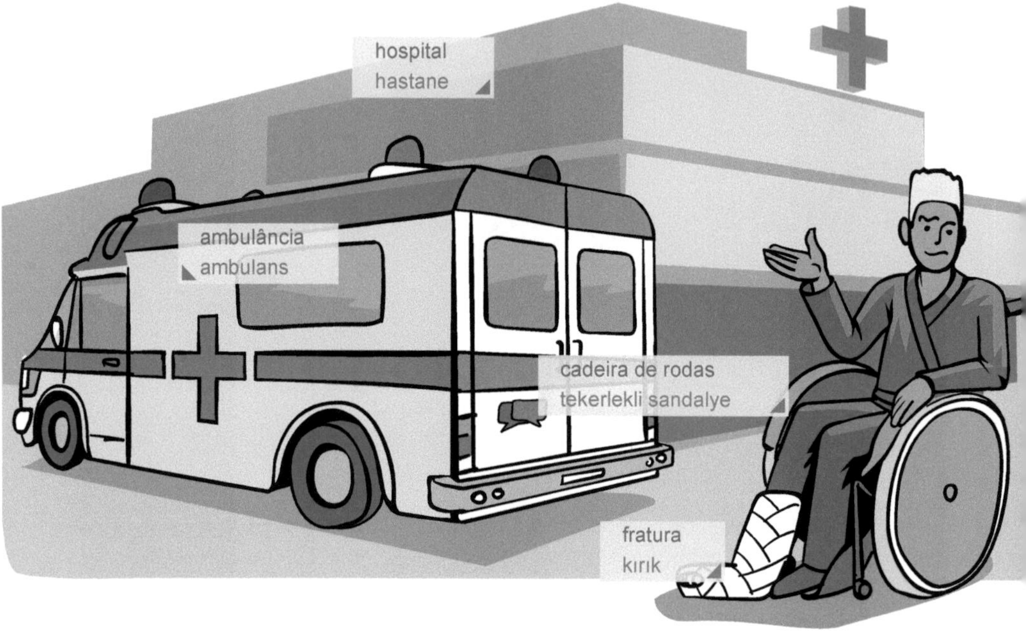

hospital
hastane
ambulância
ambulans
cadeira de rodas
tekerlekli sandalye
fratura
kırık

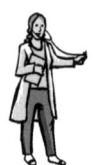

médico

doktor

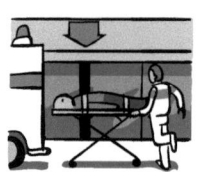

serviço de urgências

acil servis

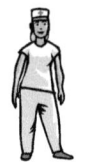

enfermeira

hemşire

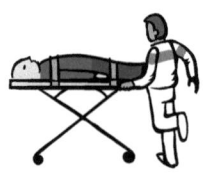

emergência

acil

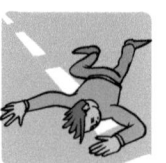

inconsciente

baygın

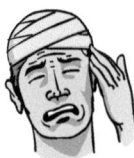

dor

acı

ferimento

yaralanma

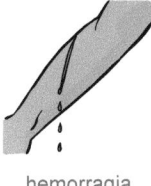

hemorragia

kanama

ataque cardíaco

kalp krizi

acidente vascular cerebral

felç

alergia

alerji

tosse

öksürük

febre

ateş

gripe

grip

diarreia

ishal

dor de cabeça

baş ağrısı

cancro

kanser

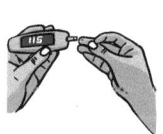

diabetes

şeker hastalığı

cirurgião

cerrah

bisturi

neşter

operação

operasyon

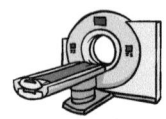

CT

bilgisayarlı tomografi

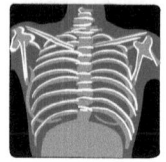

raio x

röntgen

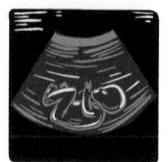

ultrassom

ultrason

máscara

yüz maskesi

doença

hastalık

sala de espera

bekleme odası

muleta

koltuk değneği

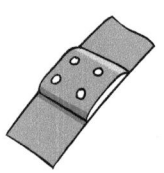

penso rápido

yara bandı

ligadura

bandaj

injeção

enjeksiyon

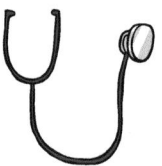

estetoscópio

steteskop

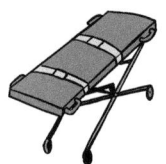

maca

sedye

termómetro

tıbbi termometre

nascimento

doğum

excesso de peso

fazla kilo

aparelho auditivo

işitme cihazı

desinfetante

dezenfektan

infeção

enfeksiyon

vírus

virüs

HIV / SIDA

HIV / AIDS

medicamento

ilaç

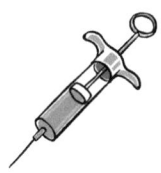

vacinação

aşı

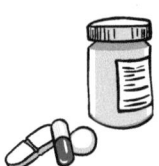

comprimidos

tablet

pílula

hap

chamada de emergência

acil çağrı

dispositivo de medição de
pressão arterial

tansiyon aleti

doente / saudável

hasta / sağlıklı

Socorro!
İmdat!

alarme
alarm

assalto
darp

ataque
saldırı

perigo
tehlike

saída de emergência
acil çıkış

Fogo!
Yangın!

extintor de incêndios
yangın tüpü

acidente
kaza

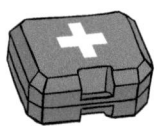

estojo de primeiros socorros

ilk yardım çantası

SOS
imdat

polícia
polis

Europa

Avrupa

América do Norte

Kuzey Amerika

América do Sul

Güney amerika

África

Afrika

Ásia

Asya

Austrália

Avustralya

Atlântico

Atlantik

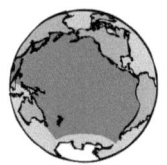

Pacífico

Pasifik

Oceano Índico

Hint Okyanusu

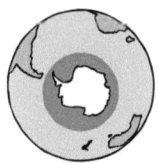

Oceano Antártico

Antarktika Okyanusu

Oceano Ártico

Arktik Okyanusu

Polo Norte

Kuzey Kutbu

Polo Sul

Güney Kutbu

Antártica

Antarktika

terra

dünya

país

kara

mar

deniz

ilha

ada

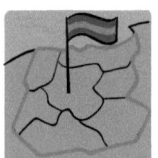

nação

ulus

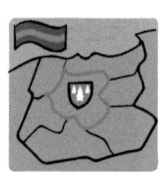

estado

ülke

mostrador do relógio
kadran

ponteiro das horas
akrep

ponteiro dos minutos
yelkovan

ponteiro dos segundos
saniye ibresi

Que horas são?
Saat kaç?

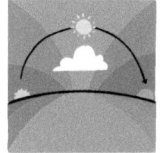

dia
gün

tempo
zaman

agora
şimdi

relógio digital
dijital saat

minuto
dakika

hora
saat

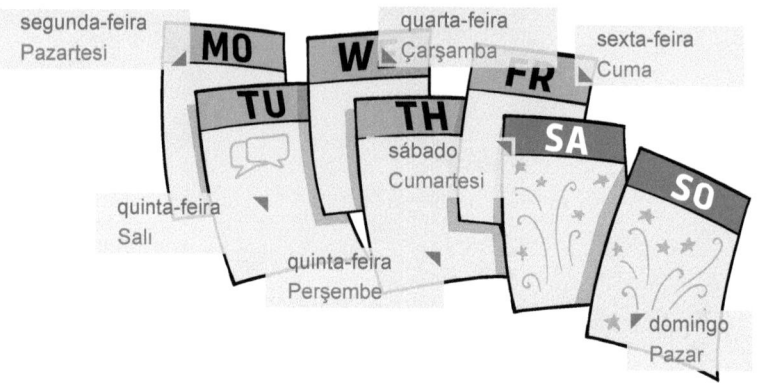

segunda-feira
Pazartesi

quarta-feira
Çarşamba

sexta-feira
Cuma

sábado
Cumartesi

quinta-feira
Salı

quinta-feira
Perşembe

domingo
Pazar

ontem

dün

hoje

bugün

amanhã

yarın

manhã

sabah

meio-dia

öğle

entardecer

akşam

MO	TU	WE	TH	FR	SA	SU
1	2	3	4	5	6	7
8	9	10	11	12	13	14
15	16	17	18	19	20	21
22	23	24	25	26	27	28
29	30	31	1	2	3	4

dias úteis

iş günleri

MO	TU	WE	TH	FR	SA	SU
1	2	3	4	5	6	7
8	9	10	11	12	13	14
15	16	17	18	19	20	21
22	23	24	25	26	27	28
29	30	31	1	2	3	4

fim de semana

hafta sonu

ano

yıl

chuva
yağmur
arco-íris
gökkuşağı
vento
rüzgar
neve
kara
primavera
bahar
verão
yaz
outono
sonbahar
inverno
kış

4.APRIL 11°
5.APRIL 4°
6.APRIL 13°
7.APRIL 8°
8.APRIL 10°

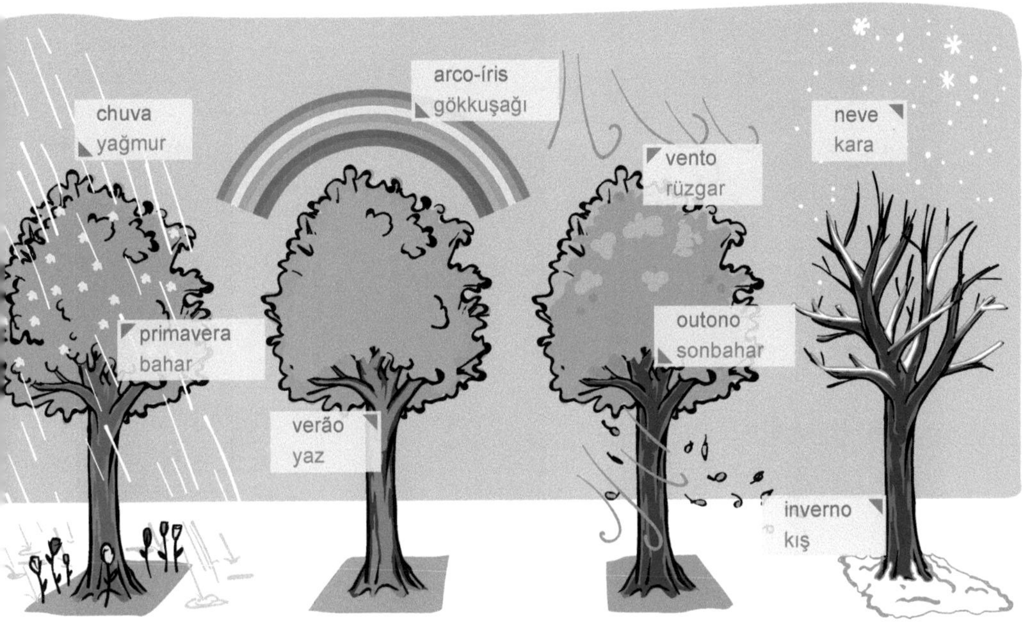

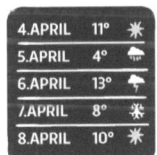

previsão do tempo

hava durumu tahmini

F C
120 40
90 30
60 20
30 10
0 0
-30 -10
-20

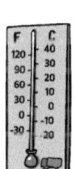

termómetro

termometre

raios de sol

güneş ışığı

nuvem

bulut

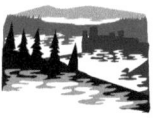

neblina / nevoeiro

sis

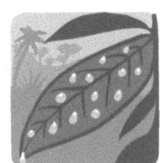

humidade do ar

nem

relâmpago

şimşek

trovão

gök gürültüsü

tempestade

fırtına

granizo

dolu

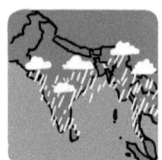

monção

muson

inundação

sel

gelo

buz

janeiro

Ocak

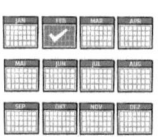

fevereiro

Şubat

março

Mart

abril

Nisan

maio

Mayıs

junho

Haziran

julho

Temmuz

agosto

Ağustos

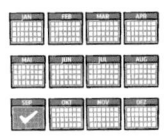

setembro
....
Eylül

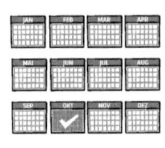

outubro
....
Ekim

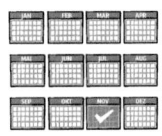

novembro
....
Kasım

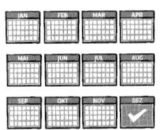

dezembro
....
Aralık

formas
şekiller

círculo
....
daire

quadrado
....
kare

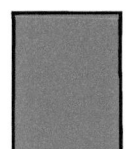

retângulo
....
dikdörtgen

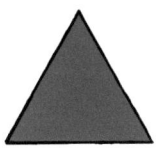

triângulo
....
üçgen

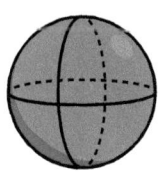

esfera
....
küre

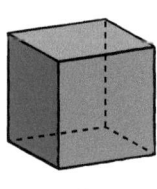

cubo
....
küp

branco
....
beyaz

amarelo
....
sarı

laranja
....
turuncu

rosa
....
pembe

vermelho
....
kırmızı

lilás
....
mor

azul
....
mavi

verde
....
yeşil

castanho
....
kahverengi

cinzento
....
gri

preto
....
siyah

muito / pouco

çok / az

furioso / calmo

kızgın / sakin

lindo / feio

güzel / çirkin

princípio / fim

başlangıç / son

grande / pequeno

büyük / küçük

claro / escuro

parlak / karanlık

irmão / irmã

erkek kardeş / kız kardeş

limpo / sujo

temiz / kirli

completo / incompleto

tamam / eksik

dia / noite

gün / gece

morto / vivo

ölü / canlı

largo / estreito

geniş / dar

comestível / não comestível

yenilebilir / yenilemez

mau / gentil

kötü / iyi

entusiasmado / entediado

heyecanlı / sıkılmış

gordo / magro

şişman / zayıf

primeiro / último

ilk / son

amigo / inimigo

dost / düşman

cheio / vazio

dolu / boş

duro / macio

sert / yumuşak

pesado / leve

ağır / hafif

fome / sede

açlık / susuzluk

doente / saudável

hasta / sağlıklı

ilegal / legal

yasa dışı / yasal

inteligente / burro

zeki / aptal

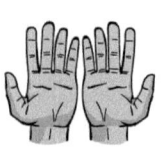

esquerda / direita

sol / sağ

perto / longe

yakın / uzak

novo / usado
yeni / kullanılmış

nada / algo
hiçbir şey / bir şey

velho / jovem
yaşlı / genç

ligado / desligado
açma / kapama

aberto / fechado
açık / kapalı

baixo / alto
sessiz / gürültülü

rico / pobre
zengin / fakir

certo / errado
doğru / yanlış

áspero / liso
pürüzlü / düz

triste / feliz
üzgün / mutlu

curto / longo
kısa / uzun

lento / rápido
yavaş / hızlı

molhado / seco
ıslak / kuru

ameno / fresco
sıcak / serin

guerra / paz
savaş / barış

números

sayılar

0

zero

sıfır

1

um

bir

2

dois

iki

3

três

üç

4

quatro

dört

5

cinco

beş

6

seis

altı

7

sete

yedi

8

oito

sekiz

9

nove

dokuz

10

dez

on

11

onze

on bir

12
doze
on iki

13
treze
on üç

14
catorze
on dört

15
quinze
on beş

16
dezasseis
on altı

17
dezassete
on yedi

18
dezoito
on sekiz

19
dezanove
on dokuz

20
vinte
yirmi

100
cem
yüz

1.000
mil
bin

1.000.000
milhão
milyon

inglês

İngilizce

inglês americano

Amerikan İngilizcesi

chinês mandarim

Çince (Mandarin)

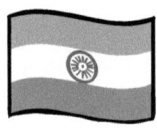

hindi

Hintçe

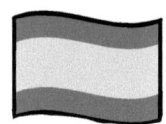

espanhol

İspanyolca

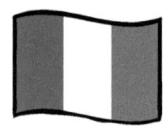

francês

Fransızca

árabe

Arapça

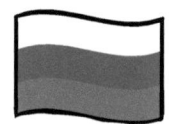

russo

Rusça

português

Portekizce

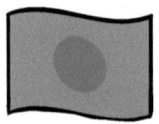

bengalês

Bengalce

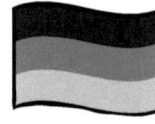

alemão

Almanca

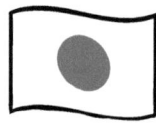

japonês

Japonca

eu
ben

tu
sen

ele / ela
o

nós
biz

vós
siz

eles / elas
onlar

quem?
kim?

o quê?
ne?

como?
nasıl?

onde?
nerede?

quando?
ne zaman?

nome
isim

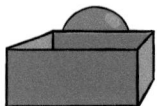

atrás

arkasında

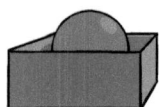

em

içinde

à frente de

önünde

sobre

üzerinde

em cima

üstünde

debaixo

altında

ao lado

yanında

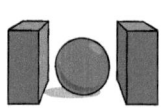

entre

arasında

lugar

yer